Hauseigentümer und Steuerreform in Elsaß-Lothringen

Von

Aug. Herrmann
Doktor der Staatswissenschaften

Straßburg
Verlag von **Karl J. Trübner**
1911

Herrn Universitätsprofessor **Dr. Werner Wittich**

in Verehrung und Dankbarkeit
gewidmet

Vorwort.

Am 1. Februar 1911 hat der Kaiserliche Statthalter Graf v. Wedel die 38. und letzte Session des Landesausschusses für Elsaß-Lothringen eröffnet. Er teilte hierbei mit, daß die auf die Steuerreform bezüglichen Gesetzentwürfe fertiggestellt wären und ihre parlamentarische Beratung erfolgen könnte, sobald über den dem Reichstag vorliegenden Gesetzentwurf der verbündeten Regierungen betreffend die Verfassung Elsaß-Lothringens entschieden wäre. [1])

Heute ist die neue Verfassuug bereits verkündet.

In einigen Wochen wird sich die neugewählte Volksvertretung mit der für unser Land so wichtigen Steuerreform zu befassen haben.

Lange bevor der Landesausschuß zum letzten Male zusammentrat, beauftragte mich der Verband elsaß-lothringischer Haus- und Grundbesitzervereine zu der am 10. Juni 1910 dem Landesausschuß vorgelegten Denkschrift über die Reform der direkten Steuern in Elsaß-Lothringen Stellung zu nehmen. Ich tat dies in einem Vortrage, den ich in den größeren Städten Elsaß-Lothringens hielt. [2])

Vielfach geäußerten Wünschen entsprechend wird er hiermit, in der Form weiter ausgestaltet und auch inhaltlich mannigfach ergänzt, der Öffentlichkeit übergeben.

Straßburg i. Els., im August 1911.

Aug. Herrmann.

---

[1]) Drucksachen des Landesausschusses. 38. Session, 1. Sitzung, S. 1.
[2]) Els.-Lothr. Haus- u. Grundbesitzer-Zeitung. X. Jahrg. Nr. 5, S. 71.

In Elsaß-Lothringen sind heute, nachdem das Land bereits mehr denn 40 Jahre zum Deutschen Reiche gehört, die französischen Kulturelemente nicht nur im privaten wirtschaftlichen und geistigen Leben, sondern auch in der Verfassung und in der Verwaltung noch zahlreich und wichtig. Ja, man kann sagen, daß die Germanisierung des öffentlichen Rechts in unserem Heimatlande noch nicht soweit vorangeschritten ist, wie die des Privatrechts.

Derjenige Bestandteil des öffentlichen Rechts, der trotz eifrigster Fortbildung unter deutscher Herrschaft noch heute in seinen Grundlinien den französischen Ursprung verrät, ist unser elsaß-lothringisches Finanzwesen.

So sehr es auch im Laufe der Jahre umgestaltet worden ist, so sehr ist es in allen seinen wesentlichen Bestandteilen und in seinem ganzen Aufbau französisch geblieben.

Dieser fremde Ursprung unseres elsaß-lothringischen Finanzwesens unterscheidet es auch heute noch scharf von den Staatshaushalten der deutschen Bundesstaaten. Er weist ihm eine Sonderstellung zu, die bei einer durchgreifenden Steuerreform sorgfältigst berücksichtigt werden muß.

Gehen wir gleich auf diese Sonderheiten ein.

In der überwiegenden Mehrzahl der deutschen Bundesstaaten bilden die Erwerbseinkünfte, d. h. die Erträgnisse aus den dem Staate gehörigen Domänen, nämlich den Feldgütern, Waldungen und den damit verbundenen Nebengewerben und nutzbringenden Rechten oder aus solchen gewerblichen und handelsmäßigen Unternehmungen und Verkehrsanstalten, eine den Steuern gleiche oder nicht viel hinter diesen zurückbleibende Einnahmequelle.

Nur in den kleinsten Bundesstaaten, wie in Sachsen-Altenburg, Waldeck, den beiden Reuß, Schaumburg-Lippe, Lippe-Detmold und den drei Hansastädten wiegen die Steuereinnahmen bei weitem die Erträgnisse aus den Erwerbseinkünften auf.

Von den deutschen Mittelstaaten — wenn der Ausdruck Staat in diesem Zusammenhange auf Elsaß-Lothringen angewendet werden darf — ist das Reichsland der einzige, der seinen Bedarf überwiegend aus Steuern decken muß.

Während z. B. in Preußen die Summe der Erwerbseinkünfte nach ihrem Reinertrage (1909) sich auf 523,7 Mill. M. belief und die Steuern nur 423,9 Mill. M. einbrachten, in Bayern sich das Verhältnis der Erwerbseinkünfte zu den Steuern wie 116,8 : 93,1 verhielt, standen im Reichslande zur selben Zeit 3,5 Mill. M. netto Erwerbseinkünfte, 36,7 Mill. M. Steuern gegenüber.

Nicht weniger denn 415,17 Mill. M. wurden in Preußen allein von den Staatseisenbahnen gedeckt. Domänen, Forsten und Bergwerke brachten 92,43 und sonstige Unternehmungen 16,10 Mill. M. auf.

Elsaß-Lothringen fehlen vollkommen die Einkünfte aus Bahnen, landwirtschaftlichen Grundstücken und Bergwerken. Nur zwei Quellen fließen unserem Lande als Erwerbseinkünfte zu, nämlich das Erträgnis aus dem rund 150000 ha großen Staats- und ungeteilten Walde und den Einkünften aus der Kaiserl. Tabakmanufaktur, welche die erwähnten $3^{1}/_{2}$ Mill. M. netto ausmachen.

Eine weitere Quelle erschloß sich schließlich unserem Lande durch den Abschluß eines Vertrages mit Preußen über die preußische Klassenlotterie. Sie führt der Landeskasse alljährlich $^{1}/_{2}$ Mill. M. zu.

Der hier zutage tretende Gegensatz stammt aus französischer Zeit. In Frankreich spielen diese Erwerbseinkünfte längst nicht die Rolle wie im Deutschen Reiche. Frankreich hat aber sehr viele eigene Einnahmen aus den Monopolen (Tabak, Zündhölzer, Pulver). Diese sind in Elsaß-Lothringen mit der Annexion weggefallen, ohne daß dem Lande irgend welche Erwerbseinkünfte als Ersatz zuerkannt worden wären.

Die Eisenbahnen des neuen Reichslandes gingen durch Kauf von der Ostbahngesellschaft an das Reich über.

Elsaß-Lothringen hat auf diese Weise ein stark steuerwirtschaftliches Finanzwesen, das auf seinen französischen Ursprung zurückgeführt werden muß.

Gehen wir zu dem Steuersystem selbst über, so können wir genau dieselbe Feststellung machen. Es zerfällt in drei Hauptarten: die Ertrags- (direkten) Steuern, die Verbrauchs- und die Verkehrssteuern. Ebenso wie in Frankreich fehlt auch hier im Lande noch gegenwärtig eine allgemeine Personalsteuer: sei es nun eine Vermögens- oder eine Einkommenssteuer.

Die direkten Steuern sind teils reine Objektsteuern, wie z. B. die Grundsteuer, die Gebäudesteuer und die

Gewerbesteuer, teils partielle Einkommensteuern, wie die erst unter deutscher Herrschaft eingeführte Kapitalrenten- sowie die Lohn- und Besoldungssteuer.

Die Verbrauchssteuern setzen sich aus der Weinsteuer, der Biersteuer und der Lizenzsteuer zusammen; und die Verkehrssteuern schließlich, das Enregistrement, umfassen eine Umsatzsteuer für Liegenschaften, eine Abgabe, die bei den verschiedenartigsten Rechtsgeschäften und Ausfertigungen von Urkunden sowie bei allen Erbgängen auch in gerader Linie und zwischen Ehegatten erhoben wird.

Ein weiteres Charakteristikum unseres elsaß-lothringischen Finanzwesens finden wir in der Dreiteilung der Steuerwirtschaft. Neben dem Land stehen noch die Bezirke und die Gemeinden, die gleichfalls steuerheischend an die Steuerzahler herantreten: sie erheben Zuschläge zu den direkten Staatssteuern.

Wir erkennen auch hierin ein Überbleibsel aus französischer Zeit.

Wo wir also hingreifen, finden wir den fremden Ursprung vor. Seine Existenz kann nicht in Abrede gestellt werden.

Gehen wir jetzt auf die geschichtliche Entwicklung unseres Finanzwesens im allgemeinen und sodann auf die Darlegung der einzelnen Steuern im speziellen ein.

Das System der Ertrags-, Objekt- oder auch direkten Steuern besteht in diesem Umfange seit dem 1. April 1903. 1907 ist es zum völligen Abschlusse gelangt. Gänzlich unverändert war es, wenn wir von unwesentlichen Umgestaltungen absehen, bis zum Jahre 1884 geblieben. Man hatte bis dahin kein Bedürfnis, an das schwierige Werk heranzutreten, standen doch nicht nur das Reich, sondern auch das Land in meist günstigen finanziellen Verhältnissen.

Zunächst das Reich.

Da die eigenen Einnahmen des Reiches von Anfang an nicht ausreichten, um die Bedürfnisse zu decken, so mußten die Einzelglieder diese Differenz nach Maßgabe ihrer Bevölkerungszahl decken. Diese Einrichtung hatte man sich nur als eine vorübergehende gedacht, solange nämlich sollte sie, wie der Art. 70 der Reichsverfassung besagt, bestehen bleiben, „als Reichssteuern nicht eingeführt sind.“

Als 1879 die Steuerreform eine wesentliche Mehrung der Einnahmen brachte, schien es möglich, diese einzelstaatlichen Zuschüsse ausschalten zu können. Dies entsprach jedoch nicht dem Wunsche der Volksvertretung, da zur Erhebung dieser Matrikularbeiträge die Zustimmung des Parlamentes erforderlich war, welches sich dieses Recht nicht entgehen lassen wollte. Fließen diese Reichseinnahmen nun reichlich, so kommt den Einzelgliedern des Reiches der Überschuß zu gute. Einige Jahre hindurch war dies tatsächlich der Fall. 1889 betrug er beispielsweise nicht weniger denn rund 127 Mill. M. In den Zeitumflüssen 1879—1906 234 Mill. M.

Die Steigerung der Reichsschulden, die 1877/78 — Beginn der Begebung von Reichsanleihen nach Abstoßung der früheren Schulden des Norddeutschen Bundes — nur 72 Mill. M. betrugen, erreichten 1908 die ansehnliche Höhe von 4¼ Milliarden M.

Seit 1898 sind aber nicht nur keine Überschüsse an die Einzelglieder des Reiches mehr gezahlt worden, sondern die Matrikularbeiträge haben eine solche Höhe erreicht, daß ihre Zahlung im Interesse einer geordneten einzelstaatlichen Finanzwirtschaft nicht mehr weiter abgefordert werden kann.

Elsaß-Lothringen führte, um nur ein Jahr anzugeben, 1910 6,9 Mill. M. an das Reich ab und erhielt hiergegen 5,3 Mill. M.

Die Finanzmisère im Reiche kann sonach als eine immerhin noch neuzeitliche Erscheinung angesehen werden: sie erhob stolz ihr Haupt, als das alte Jahrhundert sich zum Abzuge anschickte. — Nun das Land.

Auch mit den landessteuerlichen Verhältnissen war man bei uns, namentlich in einigen Kreisen, lange Jahre zufrieden.

Noch im Jahre 1885 — am 4. Januar — schrieb Staatssekretär von Hofmann an den damaligen Statthalter in Elsaß-Lothringen, Frhrn. v. Manteuffel: „Die Einführung einer allgemeinen Einkommensteuer dürfte mit Rücksicht auf das gesamte bestehende System der direkten Besteuerung, zu dessen allgemeiner Änderung genügender Anlaß nicht vorliegt, in weitere Erwägung nicht zu nehmen sein, um so weniger, als das bestehende System der Personalbesteuerung (Personal- und Mobiliarsteuer) in seinem Vollzuge zu erheblichen Klagen über Steuerdruck namentlich auch der minderbemittelten Volksklassen keinen Anlaß gibt.“ — „Die bisherige direkte Steuergesetzgebung vermeidet in jeder Hinsicht das Eindringen in die persönlichen Verhältnisse der Einzelnen und bemißt durchweg nach äußerlich erkennbaren Merkmalen die Steuerpflicht.“

In der Tat, von der Gewerbesteuer abgesehen, die unter dem Namen der Patentsteuer zur Erhebung gelangte, waren alle übrigen direkten Steuern Repartitionssteuern und somit ihr Ergebnis festgelegt: kontingentiert. Der Steuerzahler sah in dem Steuerbeamten keinen Aufdringling, der möglichst viel herauspressen wollte, wußte er doch ganz genau, wieviel aufzubringen war, was auf die Steuerzahler umgelegt werden mußte. Auch für die Regierung war diese Art die einfachste und daher angenehmste.

In einem Lande, in dem die oppositionelle Stimmung zur Suspendierung der Gemeinderäte führte, wie 1873 in Straßburg, Metz und Colmar, in dem von den 22 gewählten Kreistagen nur 14 und von den drei Bezirkstagen nur einer beschlußfähig war, da konnte man an keine Steuerreform denken, die doch, wie es in der Natur der Sache liegt, stets einer Mehrforderung gleichkommt. 1875 wurde zum ersten Male von dem neugebildeten Landesausschuß, der ja bekanntlich nur beratende Stimme hatte, das Budget in sachlicher Weise durchgesprochen. 1879 erhielt das Reichsland seine eigene Landesregierung. Erst jetzt hätte man an eine Reform der Steuergesetzgebung herantreten können, die man doch schon aus Staatsklugheit nicht ohne hinreichende Mitwirkung des Volkes vornehmen wollte. Aber — man war sich über die Bahnen, die man wandeln wollte und konnte, nicht einig und fügte sich deshalb dem Hegelschen Satze: „Was gegenwärtig ist, das ist vernünftig.“

Die leitende Idee der Wissenschaft entschied sich um jene Zeit für ein Einkommensteuersystem mit progressiver oder doch mindestens degressiver Skala. Die Annahme dieses Zieles erschien zu gewagt; man konnte sich zu einem solchen Sprunge, und das mit vollster Berechtigung, nicht entschließen. Andererseits war man sich aber klar darüber, daß nur äußere Änderungen, die man an dem System vornehmen würde, gleichfalls kein positiv befriedigendes Resultat ergeben könnten, hatte man doch diese Erfahrung gleich nach 1870 in Frankreich bereits gemacht. Es blieb schließlich nichts anderes übrig, als an dem bestehenden Ertragssteuersystem festzuhalten und es nach Möglichkeit nach den neuzeitlichen Forderungen umzugestalten.

Dieser Weg hat sich, es mögen Fehler mannigfachster Art hierbei vorgekommen sein, immerhin als gangbar erwiesen und ein einigermaßen befriedigendes Resultat gezeitigt. Der Aufbau, der Stil der ganzen Besteuerung ist aber unverändert geblieben. Man hat sich darauf beschränkt, einzelne dringend der Reform bedürftige Teile herauszunehmen und durch neue nach deutscher Art zugehauene Steine zu ersetzen. Während das Erträgnis der direkten Steuern sich im Jahre 1908 auf 15 984 958 M. belief, wiesen die Verbrauchssteuern eine Höhe von 6 640 420 M. und die Verkehrssteuern eine solche von 14 817 094 M. auf.

Bezirke und Gemeinden decken ihren Bedarf, wie wir dies bereits in der angeführten charakteristischen Dreiteilung unserer Steuerwirtschaft angedeutet haben, durch Erhebung von Zuschlägen zu den direkten Staatssteuern.

Auf diese Weise wurden im Jahre 1908

im Bezirk	Unter-Elsaß	2 062 702	M.
„ „	Ober-Elsaß	1 947 629	„
„ „	Lothringen	2 373 710	„

zusammen 6 384 041 M. erhoben. Es entsprach dies im Unter-Elsaß einem Zuschlage von 38 Prozent, im Ober-Elsaß von 43 Prozent und in Lothringen von 46 Prozent. In demselben Zeitumflusse kamen von den Gemeinden auf diese Weise 11 072 435 M. zur Erhebung. Auf je 100 M. des Staatsertrages der direkten Steuern trafen sonach — eine Aufführung der einzelnen Gemeinden ist naturgemäß nicht möglich — im Unter-Elsaß 67,05, im Ober-Elsaß

81,95 und in Lothringen 64,72, in Elsaß-Lothringen 70,45 Prozent.

1909 gab es im Reichslande nur 49 Gemeinden, die überhaupt keine Zuschläge erhoben. In 118 Gemeinden stellte sich der Bedarf auf über 200 Prozent (!). Zu diesen zählen vor allem die kleinen leistungsunfähigen Kommunen.

Da aber die Einnahmen aus diesen Zuschlägen unter Hinzurechnung der Gebühren und Erwerbseinkünfte der Gemeinden den gesamten Bedarf mancherorts nicht zu decken vermögen, so gelangt in 35 Gemeinden des Reichslandes eine Verbrauchssteuer, das Oktroi, auf Getränke und Flüssigkeiten, Eßwaren, Viehfutter, Brenn- und Baumaterialien zur Erhebung. Das Oktroi erbrachte im Jahre 1907 über 9 Millionen Mark, in Straßburg allein $3^1/_2$ Millionen Mark, also nahezu so viel wie die bereits angeführten Zuschläge zu den sämtlichen direkten Steuern. Die nach § 13 des Zolltarifgesetzes in Wegfall gekommenen Oktroieinnahmen belaufen sich auf rund 2 Millionen Mark. Daß das Oktroi in manchen Fällen sich wie ein Wall darstellt, der das gesamte wirtschaftliche Verkehrsleben in recht erheblichem Maße einengt, dem soll durchaus nicht widersprochen werden.

Mit Freuden müßte es begrüßt werden, wenn ein Ersatz hierfür geschaffen werden könnte.

Interessant wäre es, genaue Angaben darüber zu erhalten, wie hoch sich prozentual die Unkosten, bedingt durch die Oktroierhebung, sowohl in den Gemeinde- als auch in den privaten Geschäftsbetrieben stellen.

Wenden wir uns jetzt der Kritik der direkten Steuern, deren Reform geplant ist, selbst zu. Sie zerfallen in zwei Gruppen: in diejenige der reinen Objekt- oder Ertragssteuern und diejenige der Ertragssteuern mit Subjektcharakter. In die erste Kategorie sind zu rechnen: die Grundsteuer, die Gebäudesteuer und die Gewerbesteuer, und in die zweite die Kapitalrenten- und die Lohn- und Besoldungssteuer.

Die drei erstgenannten Steuern haben gemeinsam, daß als Bemessungsgrundlage der Steuer ein geschätzter Rein- oder Rohertrag des Grundstücks, Gebäudes oder Gewerbebetriebes ohne Rücksicht auf die persönlichen Verhältnisse des Besitzers angenommen wird. Man versteuert also die objektive Ertragsfähigkeit des Steuerobjekts, nicht die tatsächliche, wie sie sich für den konkreten Besitzer wirklich darstellt. Die persönlichen Verhältnisse sind sonach völlig belanglos. Der wichtigste Übelstand, der sich als Konsequenz dieser Besteuerungsart darstellt, ist die Nichtzulassung des Zinsenabzuges und sodann die mangelnde Anpassungsfähigkeit der vorhandenen Einschätzungen an die tatsächlichen Veränderungen der Erträge.

Bei der Grundsteuer hat man durch Neueinschätzung und sodann Herabsetzung des Steuerfußes auf $3^1/_2\,^0/_0$ nach Möglichkeit versucht, die vorhandenen Mängel aus der Welt zu schaffen. Die durch das Gesetz vom 14. Juli 1903 bewirkte Minderung des Steuerfußes und folglich auch der Gesamteinnahme war bald wieder eingeholt.

Die Gewerbesteuer, die nach der Ertragsfähigkeit der Gewerbebetriebe bemessen wird, bei der also nicht der wirkliche Ertrag der Steuerbemessung zu Grunde gelegt wird, sondern derjenige, der unter gewöhnlichen Verhältnissen bei normaler Art und Weise des Betriebs erfahrungsgemäß als durchschnittlicher Ertrag angeblich gewonnen wird, ist im Jahre 1896 völlig neu veranlagt worden. Der Steuerfuß ist stark degressiv. Er beträgt bei einem Steuerreinertrage von 20000 M. 1,9 % und sinkt bis zu 0,38 %.

Die Zahl der Gewerbetreibenden, die von der Degression begünstigt werden, hat nachweislich zugenommen.

Die Einnahmen aus dieser Steuer waren stark steigende, sie beliefen sich im verflossenen Dezennium durchschnittlich auf 130000 M. pro Jahr.

Gehen wir jetzt zu der letzten der drei reinen Objekt- oder Ertragssteuern und gleichzeitig zu derjenigen Steuer über, die das Interesse der Hauseigentümer vor allem verdient, nämlich zu der Gebäudesteuer. Sie muß unbedingt als die drückendste bezeichnet werden.

Die heute in Elsaß-Lothringen zu Recht bestehende Gebäudesteuer wurde durch das Gesetz vom 14. Juli 1895 geschaffen. Vor dieser Zeit gab es in Elsaß-Lothringen keine besondere Gebäudesteuer. Dies darf jedoch nicht zu der Überzeugung verleiten, als hätte der Gebäudebesitz vor dieser Epoche keine steuerliche Belastung gekannt. Ein Faktor der alten Grundsteuer war eine Gebäudesteuer. Der bebaute Boden wurde so veranlagt, als sei er Ackerboden der ersten Klasse innerhalb der betreffenden Gemeinde. Desgleichen wurde der Reinertrag der Häuser zu derselben Steuer herangezogen. Die Tür- und Fenstersteuer traf die Gebäude wiederum. Ursprünglich wurde sie als Ergänzung der Mobiliarsteuer eingeführt (1798). Die Tür- und Fenstersteuer hat ihren Namen davon, daß Türen und Fenster, die nach Straßen, Höfen und Gärten der Gebäude und Fabriken hinausgehen, steuerpflichtig sind. Voraussetzung war, daß das Haus sich in einem vermieteten Zustande befand. Ungewolltes Leerstehen machte steuerfrei, gewolltes steuerpflichtig. Die

Veranlagung erfolgte auf Grund eines Tarifs. Er wies den Gedanken der Progressivität auf. Mit der Größe der Gemeinden — der Bevölkerungsziffer — der Anzahl der Öffnungen und mit der Art der Öffnungen wuchs der Steuersatz. Sie kann aber, obgleich sie in Bezug auf Technik und Veranlagung kunstvoll ausgedacht war, dennoch als in keiner Weise befriedigend erachtet werden. Den Charakter als Hausklassensteuer vermochte sie nicht zu verleugnen. Sie stand sonach wesentlich hinter der Hauszinssteuer zurück. Sie schablonisiert zu stark, um den örtlichen Verschiedenheiten der Gebäude, sei es nach der Seite des Ertrags- oder des Wohnungswertes, gerecht werden zu können. Die spitzfindigst ausgesonnene Bestimmung vermag die Willkür nicht auszuschließen, die an die so dehnbaren Begriffe Fenster, Öffnung, Tür, Tor, Torweg anzuknüpfen leicht Gelegenheit findet. Man hat dies auch in Frankreich zugegeben, als man einigen Städten, worunter Paris, die Erlaubnis erteilte, die Tür- und Fenstersteuer nach einem besonderen Tarife zu erheben, in dem außer der Zahl der Öffnungen auch noch der Mietwert des Gebäudes Berücksichtigung fand.

Steuerrat Thomas Joppen war es, der in seiner Abhandlung „Zur Regelung der Grundsteuer in Elsaß-Lothringen“ über die Tür- und Fenstersteuer folgendes schrieb:

„Ihr einziger Vorzug ist derjenige, daß man an sie gewöhnt ist, ihr Hauptmangel aber wohl unbestrittenermaßen darin zu suchen, daß sie überhaupt existiert.“

Ein abfälligeres Urteil sich zu bilden, fiele schon schwer. Die Hauseigentümer können nur dankend konstatieren, daß sie heute nicht mehr zu Recht besteht.

Die Reform — sie begann im Jahre 1892 — bezweckte von der Grundsteuer denjenigen Teil auszuschalten, der auf den Gebäuden lastete, die Tür- und Fenstersteuer ganz aufzuheben und aus beiden Teilen eine selbständige Gebäudesteuer zu schaffen, die ausschließlich auf dem jeweiligen Nutzungswerte fußte. Eine Neueinschätzung sämtlicher Gebäude war vorgesehen. An dem rein äußeren System der Ertragssteuern wollte man festhalten. Gar bald zeigte es sich aber, daß bei der heutigen Struktur unserer Volkswirtschaft ein reines System von Ertragssteuern den tatsächlichen Bedürfnissen nicht mehr gerecht werden kann. Man griff daher bei der Veranlagung von Gebäuden auf dem platten Lande zu einem Aushilfsmittel, indem man als Hauptmerkmal für die Bestimmung des Nutzungswertes in erster Linie den im Zusammenhange damit stehenden landwirtschaftlichen Betrieb bestimmte und erst sekundär die dem Wohngebäude anhaftenden Merkmale gelten ließ. Hierdurch berücksichtigte man zweifellos subjektive Momente. Es ist eine Erfahrungstatsache, daß bei einer Aufteilung des Güterkomplexes im Erbgange das Wohnhaus nur an einen Erbberechtigten übergeht. Ist dieser nun mangels der nötigen Mittel nicht in der Lage, die Wirtschaft im gleichen Umfange weiterzubetreiben, so werden bald Teile des oft so stattlichen Wohngebäudes als Aufbewahrungsraum für Feldfrüchte aller Art Verwendung finden. Eine Vermietung ist allermeist unmöglich.

Das Gesetz vom 14. Juli 1895 brachte die endgültige Regelung. Die Gebäudesteuer trat an die Stelle der Gebäude-Grundsteuer und der Tür- und Fenstersteuer. An dem rein äußeren System der Ertragssteuern hielt es fest. Ob das Gebäude frei von jährlichen Lasten ist, ob die Passivzinsen der auf dem Hause lastenden Hypotheken gar womöglich den ganzen oder nur einen wesentlichen Teil des Ertrages verschlingen, ob der Pflichtige neben diesem Nutzungswert noch Erträge aus anderen Quellen bezieht, ob schließlich der Nutzungswert des Gebäudes seine einzige Einnahmequelle ist, dies alles blieb leider unberücksichtigt. Um das Maß voll zu machen, setzte man den Steuerfuß auf 4 1/2 Prozent fest. Daß dieser Satz ein unverhältnismäßig hoher im Vergleich zu den andern Ertragssteuern sei, dessen war man überzeugt. Eine Ermäßigung stellte man in Anerkennung dieser zu starken Belastung des Gebäudebesitzes in Aussicht. Das Verwendungsgesetz vom 13. Juli 1901 brachte die Minderung des Steuerfußes, die aber erst mit dem Beginn des Rechnungsjahres 1903 in Wirksamkeit trat. Das gleiche Gesetz normierte den Steuerfuß der Grundsteuer auf 3 1/2 Proz. Diese Ungerechtigkeit war eine umso augenfälligere, als die Gebäudesteuer, wie bereits angeführt, nach dem **Brutto**ertrage, die Grundsteuer aber nach dem Reinertrage zur Veranlagung gelangt. Landesausschußabgeordneter Back u. Gen. brachten dieserhalb — in Erkenntnis dieses Mißverhältnisses — den Antrag auf Herabsetzung des Steuerfußes der Gebäudesteuer auf 3 1/2 Proz. ein. Der Gebäudebesitzer, der lange genug unter der 4 1/2 prozentigen Steuer geschmachtet hatte, sollte noch länger unter einem ungerechten Steuerdruck zu leiden haben. Weder vor dem Landesausschuß noch vor der Regierung fand dieser durchaus berechtigte Antrag Gehör. Die Regierung erklärte: es könne kein Ersatz für den entstehenden Ausfall geschaffen werden. Auf mehrfaches Drängen gab Unterstaatssekretär v. Schraut schließlich die Erklärung ab, daß die Herabsetzung des Steuerfußes auf 3 1/2 Proz.

alsobald erfolgen würde, als die beiden neuen Steuern, die Lohn- und die Besoldungssteuer, für das Land den Betrag von $2^1/_2$ Millionen Mark erbrächten. Im Etatsjahr 1904 trat das ersehnte Moment ein, aber — von einer Herabsetzung des Steuerfußes war nichts zu verspüren. Abg. Back u. Gen. wiederholten ihren Antrag bis zum Jahre 1906. Unterstaatssekretär v. Schraut war zwischenzeitlich gestorben. — Das Ressort war an Staatssekretär v. Köller übergegangen, und das gemachte Versprechen wurde als ein solches rein persönlicher Natur hingestellt. Die Novelle zur Gebäudesteuer vom 17. Juli 1907 sah die Herabsetzung des Steuerfußes auf $3^1/_2$ Proz. mit dem Etatsjahr 1909 vor. Inzwischen — am 1. April 1909 — ist die Herabsetzung des Steuerfußes auf **$3^1/_2$** Proz. erfolgt. Sehr lange hat der Hauseigentümer also eine Staats-Gebäudesteuer bezahlt, die in keinem berechtigten Verhältnisse zu den übrigen Staatssteuern stand.

Eine Neueinschätzung der Gebäude soll allgemein alle 15 Jahre erfolgen. Sie kann jedoch jederzeit vom Ministerium angeordnet werden, wenn der Rohertrag sich nach den älteren Bestimmungen um $^1/_5$, nach der Novelle vom 17. Juli 1907 um $^1/_{10}$ verändert hat. Das finanzielle Ergebnis der Gebäudesteuer ist durch die Herabsetzung des Steuerfußes keineswegs in Mitleidenschaft gezogen worden. Wenn auch das Jahr 1903 eine um $^1/_2$ Million Mark geringere Einnahme brachte, so war doch diese Mindereinnahme durch erfolgte Neueinschätzungen und Steigerungen bereits im Jahre 1907 mehr wie eingeholt. Während 1897 die Gebäudesteuer 3,2 Millionen dem Lande einbrachte, konnte sie 1908 mit 3,9 Millionen gebucht werden.

Wie notwendig die Herabminderung des Steuerfußes war, ist hieraus klar ersichtlich.

Im Gegensatze zu diesen reinen Objekt- oder Ertragssteuern stehen die beiden noch zu besprechenden Steuern unseres Ertragsteuersystems: Die Kapitalrenten- und die Lohn- und Besoldungssteuer.

Sie sind gewissermaßen die Kinder, die durch die große Reform des Jahres 1901 geboren wurden.

Die erste Anregung zur Einführung einer Einkommensteuer aus beweglichem Kapital ging 1886 im Landesausschusse von Baron Zorn v. Bulach (Vater) aus. Sie fand keinen Anklang. In dem darauffolgenden Dezennium gingen nicht weniger als drei Anträge ein. Zwei von ihnen gaben bestimmte Richtlinien an. Der dritte — von Abg. Winterer —, der eine Entlastung der Landwirtschaft bezweckte, gab keine bestimmten Direktiven an. Er fand die Zustimmung, und auf seine Anregung hin wurde eine Denkschrift ausgearbeitet und 1898 dem Landesausschusse vorgelegt.

Außerordentlich schnell — dies mag zum Lobe des Landes gesagt sein — hat eine Umwertung der herrschenden Anschauungen stattgehabt. Man machte sich mit unglaublicher Leichtigkeit mit dem neuen Gedanken der Selbsteinschätzung vertraut. Noch selten ist die Einführung einer Steuer auf einen derartig geringen Widerstand gestoßen. Die Kapitalrentensteuer kann als der Vorläufer einer allgemeinen Einkommensteuer betrachtet werden. Während der Gesetzentwurf der Regierung vom Jahre 1898 einen Steuerfuß von 2 Proz., derjenige von 1901 einen solchen von 3 Proz. vorschlug, nahm der Landesausschuß schließlich — auf Antrag der Kommission — einen solchen von 3½ Proz. an. Dieser Steuerfuß sinkt bis zu Kapitalrenten von 100 bis 200 M. auf 1,40%. Abzugsfähig sind privatrechtliche Passivkapitalzinsen. Hypothekenzinsen jedoch nur dann, wenn das bestellte Grundstück in Elsaß-Lothringen selbst liegt. Die Erklärung ist obligatorisch. Nachteile für das Land können dadurch entstehen, daß von auswärts zuziehende Personen drei Monate eventuell steuerfrei bleiben, da § 14 vorschreibt, daß Zugänge und Abgänge, sowie die Änderungen in der Veranlagung erst mit Wirkung vom Beginne des nächsten Kalendervierteljahrs ab erfolgen. Umgekehrt können Elsaß-Lothringer, die z. B. nach Preußen verziehen, einer Doppelbesteuerung event. unterworfen werden.

Die Kapitalrentensteuer, die im ersten Jahre, in dem sie zur Erhebung gelangte (1903), 1,8 Mill. M. erbrachte, trug 1908 2,1 Mill. M. ein. Ihr Erträgnis hat seit ihrem Bestehen jährlich um 55 150 M. zugenommen.

Wir kommen jetzt zu der letzten der Ertragssteuern, nach deren Darlegung und kurzer Erläuterung der Verkehrs- und Verbrauchssteuern wir uns der geplanten Reform selbst zuwenden.

Die Lohn- und Besoldungssteuer sucht alle aus öffentlichen oder privaten Dienstverhältnissen sowie aus jeder sonstigen gewinnbringenden Tätigkeit fließenden Bezüge, soweit sie sonst nicht getroffen werden, zu erfassen. Sie schließt gewissermaßen den Ring der einzelnen direkten Steuern ab. Sie macht die Summe der Ertragssteuern zu einem organischen System.

Während die Kapitalrentensteuer die Einkünfte aus dem fundierten Vermögen treffen soll, ist die Lohn- und Besoldungssteuer zur Erfassung der Erträge aus dem unfundierten Vermögen gedacht. Der Steuerfuß beträgt 0,28 Prozent bei einem Ertrage von 700—800 M. und steigt — bei einem Ertrage von 20- bis 25000 M. und höher — auf 1,9 Prozent.

Die Bezüge aus Lohn und Besoldung, die mit den Erträgen aus sonstigen Einnahmequellen zusammen den jährlichen Betrag von 700 M. — vorgesehen waren 500 M. — nicht übersteigen, bleiben steuerfrei. Den Gemeinden ist es anheimgestellt, auch Beträge von 500 bis 700 M. zu den Gemeindezuschlägen heranzuziehen. Abzüge wegen der Beeinträchtigung der Leistungsfähigkeit finden statt, wenn das Gesamteinkommen nicht mehr als 3000 M. beträgt. Auch hier besteht Deklarationspflicht. Auch hier waren die Einnahmen alljährlich steigende. Seit dem Inkrafttreten (1903) bis 1908 ist eine alljährliche Zunahme der Einnahmen um 145503 M. festzustellen Während 1903 nur 1,3 Mill. M. zu buchen waren, betrug die Einnahme 1908 über 2 Mill. M.

Die beiden zuletzt geschaffenen Steuern: die Kapitalrenten- und die Lohn- und Besoldungssteuer, weisen sonach eine starke Degression des Steuerfußes, eine mögliche Berücksichtigung der besonderen Verhältnisse der Steuerpflichtigen, eine Zulassung des Schuldenabzugs und eine möglichste Anpassung der Steuerquelle an die Bemessungsgrundlage durch Deklaration auf. Wir haben es hier mit partiellen Einkommensteuern im System der Ertragssteuern zu tun.

Wie verteilen sich nun, das soll die weitere Frage sein, die Steuerlasten der direkten Steuern auf Stadt und Land.

Die Grundsteuer belastet naturgemäß in erster Linie das flache Land und sodann die kleinen Städte. Die meisten Steuereinkünfte liefert das von jeher stark agrarische Gebiet: der Bezirk Unter-Elsaß. Die Gebäudesteuer findet ebenso wie die Gewerbesteuer ihre Hauptquelle in den Städten und industriellen Zentren, von denen die Mehrzahl — im Ober-Elsaß — in den Vogesentälern und sodann in der nordwestlichen Ecke unseres Landes, in Lothringen, anzutreffen ist. Die Kapitalsteuer kommt zu ihrem größten Teil aus den bedeutenderen Städten, namentlich aus Straßburg, Mülhausen und Metz. Die Lohn- und Besoldungssteuer schließlich hat ihre Quelle sowohl auf dem Lande als auch in der Stadt, wobei jedoch der aus den Städten fließende Teil ein sicherlich wesentlich höherer sein dürfte.

Wenden wir uns jetzt den Verkehrssteuern zu. Sie werden teils als feste, teils als verhältnismäßige Abgabe erhoben. Eine feste Abgabe haben wir z. B. bei Inventaren mit 2 M., die verhältnismäßige bei Pachtverträgen — in der Regel 0,20 Prozent von dem Pachtzinse für die Dauer des Vertrags —, bei Schuldurkunden 1 Prozent, bei Kaufverträgen über bewegliche Sachen 2 Prozent, bei Kaufverträgen über Grundstücke 5 Prozent. Hierzu kommt nach den Etatsgesetzen 1909, 1910 und 1911 ein Zuschlag von 10 Prozent. Diese letzterwähnte Abgabe, die z. B. 1907 4 862 421 M. erbrachte, wird schwer empfunden. Der größte Prozentsatz dieser Steuer wird in den Städten aufgebracht; sie belastet aber zweifellos auch den ländlichen Grundbesitz. Vom finanzwissenschaftlichen Standpunkte stellt sie sich als eine Sonderbelastung des gesamten Grundvermögens, als eine Immobiliarvermögenssteuer dar, die in unregelmäßigen Epochen zur Erhebung gelangt. Sie ist sicherlich auch sehr reformbedürftig. Die Erbschaftssteuer trifft alle Erbgänge. Der Steuerfuß ist nach der Verwandtschaftsnähe von 1 bis 9 Prozent abgestuft. Das Gesetz vom 3. Juni 1906 hat eine in die Reichskasse fließende Erbschaftssteuer eingeführt. Die elsaß-lothringische Erbschaftssteuer wird heute nur noch von gewissen Anfällen, die von der Reichserbschaftssteuer befreit sind, sowie als Zuschlag zu dieser erhoben. Von dem gesamten Rohertrag der Reichserbschaftssteuer erhielt das Land bis 1909 ein Drittel, dann ein Viertel. Da der ganze Ertrag der Besteuerung des Erbgangs von Eltern auf Kinder und zwischen Ehegatten, der 1908 allein 1,8 Mill. M. betrug, dem Lande einstweilen erhalten bleibt, ist ihre Stellung noch nicht erschüttert. In ihrer heutigen Form stellt sich die Erbschaftssteuer als eine unperiodisch erhobene allgemeine Vermögenssteuer dar. In sehr wirksamer Weise ergänzt sie die Ertragssteuern und partiellen Einkommensteuern. Das ganze fundierte Vermögen unterwirft sie einer allgemeinen Besteuerung in unperiodischer Weise. Sie ist die einzige allgemeine Personalbesteuerung des elsaß-lothringischen Steuersystems, allerdings in Verkehrssteuerform, und als solche ist sie zweifellos eine Vermögenssteuer der ausgeprägtesten und wirksamsten Art. Das elsaß-lothringische Verkehrssteuersystem stellt sich als eine allerdings ungleichmäßige, aber höchst eingreifende Vermögensbesteuerung dar, indem die Besitzwechselabgabe das Grundeigentum und die Erbschaftssteuer das ganze reine Vermögen trifft.

Es bleibt uns nun noch in kurzen Worten der letzten Einnahmen, nämlich derjenigen aus den Verbrauchssteuern zu gedenken. Es handelt sich hierbei um die Besteuerung geistiger Getränke.

Während die Weinsteuer in den letzten Jahren einen Rückgang ihrer Einnahmen aufzuweisen hatte, war das Erträgnis aus der Biersteuer ein nahezu stetig steigendes.

Die Lizenzsteuer, die den gesamten Getränkeverbrauch trifft und somit Bier und Wein doppelt besteuert, weist eine Abschwächung ihrer Eingänge auf.

Alle zusammen erbrachten 1908 6,6 Mill. M., somit rund $^1/_6$ des gesamten Steuereingangs.

Fassen wir das bisher Gesagte zusammen, so ergibt sich folgendes: Das reichsländische Steuersystem ist finanzwissenschaftlich eine Kombination von Ertragssteuern, partiellen Einkommensteuern, partiellen und allgemeinen Vermögenssteuern in Verkehrssteuerform, und endlich von Getränkesteuern auf alle Getränke, vornehmlich auf Wein und Bier, als die Hauptgenußmittel der Bevölkerung.

Hierzu kommen noch die von den beiden Selbstverwaltungskörpern, den drei Bezirken und den Gemeinden, erhobenen Steuern. Bei den Bezirken und kleinen Gemeinden genügen Zuschläge zu den direkten Steuern, welche grundsätzlich alle in gleicher Weise herangezogen werden. Bei 35 Gemeinden (Montigny und Sablon besonders gezählt) tritt zu diesen Zuschlägen auf die direkten Steuern das Oktroi, die Verbrauchssteuer auf Getränke, Eßwaren, Viehfutter, Bau- und Brennmaterialien.

Es ergibt sich, daß die größeren Gemeinden trotz größerer steuerlicher Leistungsfähigkeit ihrer Bewohnerschaft an direkten Steuern einer Verbrauchsbesteuerung bedürfen, die nahezu soviel einbringt, wie die gesamten Steuerzuschläge sämtlicher Gemeinden in Elsaß-Lothringen zu den direkten Steuern.

Am 10. Juni 1910 hat der Kaiserl. Statthalter dem Landesausschuß eine Denkschrift zugehen lassen, wonach eine Reform der direkten Steuern in Elsaß-Lothringen geplant ist.

Wie denkt sich nun die reichsländische Regierung diese Reform, und welche positiven Vorschläge haben die Hauseigentümer bei einem solchen Vorgehen vorzubringen, das wird jetzt zu erörtern sein.

Die Regierung sieht sich zur Vornahme einer Reform genötigt, 1. weil die Einnahmen den gesteigerten Bedarf des Landes und vor allem der Gemeinden nicht mehr zu decken vermögen und 2. weil das geltende Steuersystem Mängel mannigfacher Art aufzuweisen hat.

Der Mehrbedarf des Landes ist verursacht durch den Mehraufwand an Besoldungen der Landesbeamten, der Religionsdiener und der Volksschullehrer. Sie machen nicht weniger als 4 Millionen Mark aus. Sodann durch die Erhöhung des ungedeckten Matrikularbeitrages von 40 auf 80 Pfg. auf den Kopf der Bevölkerung und schließlich durch reichsgesetzliche Eingriffe in das Steuerwesen unseres Landes. Alles in allem Mehrausgaben bezw. Mindereinnahmen in Höhe von rund 6 1/2 Millionen Mark.

Da sich — nach Auffassung der Regierung — dieses Defizit durch Steigerung von Verkehrs- oder Verbrauchssteuern nicht decken läßt, so bleibt nur ein Weg übrig: Die Reform der direkten Steuern.

Noch schlimmer wie mit den Landesfinanzen steht es aber mit dem Budget der größeren Gemeinden. Der Ausfall an Oktroieinnahmen infolge des § 13 des Zolltarifgesetzes betrug in den oktroierhebenden Gemeinden des Landes — wie bereits mitgeteilt — nicht weniger als 2 Millionen Mark.

Wie es gelingen soll, diese Bresche auszufüllen, das ist uns zur Genüge bekannt; täglich machen diese Finanzexperimente von sich reden. Das Gesetz vom 14. Dez. 1909 über Gemeindeabgaben sieht eine Grundwertabgabe, eine Warenhausabgabe, die Hundesteuer, den Wirtschaftsstempel und die Kurtaxen vor.

Manche von diesen Steuern, die als Rettungsmittel in der Not angesehen werden, stellen sich vom finanzpolitischen Standpunkt mehr oder minder als eine sozialpolitische Spielerei dar, die zur Befriedigung der Tagesmeinung sehr wohl zum Gesetz werden konnte. Zur Befriedigung des sehr ernsthaften Finanzbedürfnisses der Gemeinden reichen diese Steuern aber in keiner Weise aus.

Während der Gesamtaufwand der Gemeinden 1872 sich auf 14 Millionen Mark belief, war er 1908 auf 49 Millionen Mark angewachsen. In den letzten fünf Jahren ist er pro anno um 3 Millionen Mark gestiegen. (!) Dementsprechend mußten auch die Einnahmen in die Höhe getrieben werden. Seit dem Jahre 1903 mußten sie nahezu eine Verdoppelung erfahren. Stark belastet erweisen sich die größeren Städte und die industriellen Zentren.

Gleiches Tempo schlug die Verschuldung ein. Während 1882 die Zahl der verschuldeten Gemeinden 718 betrug, hatte ihre Zahl 1908 die Höhe von 975 erreicht. Die Schuldsumme ist von **15** Millionen auf **160** Millionen Mark angeschwollen. Sie hat sich in diesem Zeitumfluß mehr als verzehnfacht! Seit 1903 mehr als verdoppelt!

So darf es uns denn nicht Wunder nehmen, wenn im Jahre 1909 in 118 Gemeinden des Landes mehr als 200% (!) Zuschläge erhoben werden mußten. —

Daß die gesteigerten Ausgaben nicht mehr in befriedigender Weise gedeckt werden können, davon haben uns wohl diese Zahlen überzeugt. Das von der Regierung als erster Grund angegebene Moment finden wir sonach als existent vor. Daß das heutige Steuersystem Mängel mannigfacher Art aufweist, haben wir ebenfalls vernommen, und wir wollen hier nur noch kurz rekapitulieren, was wir inbezug auf die Gebäudesteuer einzuwenden haben.

Zunächst ist es unzulässig, Schuldzinsen in Abzug zu bringen, dann erfolgt die Veranlagung nach dem Rohertrage statt nach dem Reinertrage, und schließlich mangelt es an jeder Berücksichtigung der persönlichen und wirtschaftlichen Verhältnisse und damit der steuerlichen Leistungsfähigkeit der Steuerpflichtigen.

Wie gedenkt nun die Regierung diesen Mehrbedarf von 6 ½ Millionen Mark aufzubringen, und welche Wünsche möchten die Hauseigentümer dabei beachtet sehen, das ist das, was uns jetzt beschäftigen soll.

Der Finanzbedarf an direkten Steuern wird für die nächsten Jahre, allerdings etwas hypothetisch, mit 21—22 Mill. M. angenommen.

Diesen Betrag gedenkt nun die Regierung in folgender Weise aufzubringen: Sie will 1. die Ertragssteuern zu Nebensteuern umgestalten, den Steuerfuß mindern, die Steuern selbst möglichst von den anhaftenden Mängeln befreien und zur Deckung der Steuerminderung, sowie zur Befriedigung des Mehrbedarfes: 2. eine allgemeine Einkommensteuer als Hauptsteuer einführen.

Das Budget der direkten Steuern würde nach dieser Umbildung folgendes Aussehen erhalten:

Einkommensteuer	13 000 000	M.
Ertragssteuern: Grundsteuer, Gebäudesteuer, Gewerbesteuer, Kapitalrentensteuer	8 000 000	„
Wandergewerbesteuer	200 000	„
Bergwerkssteuer	900 000	„
Steuer der toten Hand	600 000	„
Zusammen . . .	22 700 000	M.

Auf den Kopf der Bevölkerung kämen hiernach — wenn man die Einwohnerzahl Elsaß-Lothringens mit rund 1 900 000 Seelen annimmt (am 1. Dezember 1910 waren es 1 871 702) — 11,95 M. direkte Steuern.

Die Denkschrift hat — wie dies so allgemein geschah — die Einwohnerzahl etwas zu hoch geschätzt und dadurch den Betrag von 11,61 M. herausgerechnet. Diese kleine Differenz genügt aber nicht, um uns eine bevorzugtere Stellung in steuerlicher Beziehung im Deutschen Reiche anzuweisen. Wir haben damit die Durchschnittssumme des im Deutschen Reiche auf den Kopf der Bevölkerung entfallenden Teils an direkten Steuern, der 1909 10,98 M. betrug, aber dennoch um rund 10% überschritten.

Wie werden nun diese 13 Mill. M. Einkommensteuern aufgebracht, das ist die weitere Frage, die wir uns stellen müssen.

Das Gesamteinkommen in Elsaß-Lothringen sowohl aus Grundbesitz, Gebäude- und Kapitalbesitz, als auch an Lohn und Besoldung, Gewerbe- und Bergbaubetrieb, stellt sich nach der Veranlagung des Jahres 1909 auf 790 Millionen M.

Es entspricht dies einem Durchschnittseinkommen von 420 M., wenn man eine Einwohnerzahl von 1 900 000

Seelen zugrunde legt. Es kommt dies den Feststellungen, die in Baden gemacht worden sind, ziemlich nahe.

Bei einem Durchschnittssatze von 1,7% und der Zugrundelegung dieser Einkommenssumme ergibt sich das gewünschte Steuersoll von rund 13 Millionen M.

Die Wandergewerbesteuer, die Bergwerkssteuer und die Steuer der Güter der Toten Hand sind ungefähr in der bisherigen Höhe angenommen worden. Sie sollen aber auch eine Umgestaltung ihrer Sätze erfahren.

Den 8 Millionen M., die aus den Ertragssteuern aufzubringen sind, stehen nach dem jetzigen Verhältnis (1908) rund 12 Mill. M. gegenüber.

Die Lohn- und Besoldungssteuer belastet in keiner Weise Vermögensbesitz, sie ist ihrem Wesen nach bereits eine Einkommensteuer, und sie muß sonach aufgehoben werden. Ihr Ergebnis kommt deshalb nicht mehr in Betracht.

Die vier Steuern können sonach in ihrem Ergebnis um $^{1}/_{3}$ reduziert werden.

Da nun die Gebäudesteuer, wie schon angeführt wurde, nicht, wie dies im Sinne einer ausgleichenden Gerechtigkeit sein sollte, nach dem Rein-, sondern nach dem Rohertrage zur Veranlagung gelangt, so muß zunächst, bevor an eine allgemeine Herabsetzung des Steuerfußes herangetreten wird, diese Ungerechtigkeit aus der Welt geschafft werden.

Was in Oldenburg, Sachsen-Altenburg und schließlich in Sachsen-Coburg-Gotha längst besteht, das dürfte auch bei uns sich endlich Bahn brechen.

Eine Änderung der Besteuerungsgrundlage, eine Ersetzung des Rohnutzungswertes durch den Reinertrag, wie er bei der Grundsteuer heute schon maßgebend ist, plant die Regierungsvorlage aber nicht, denn dies würde eine völlige Neueinschätzung der Gebäude erforderlich machen.

Auch die Hauseigentümer sind im Prinzip nicht für die Verursachung von hohen Kosten, zu denen sie recht wesentlich beitragen müßten; sie verlangen vielmehr, daß der Reinertrag aus dem bisherigen Rohertrage durch Abzug der Bewirtschaftungs- und Unterhaltungskosten, sowie der Amortisationsquoten gefunden werde. Sie möchten diese auf **25—33$^1/_3$** Proz. des Rohnutzungswertes festgesetzt sehen und glauben, daß dieser Satz eher zu nieder denn zu hoch gegriffen ist.

Als im verflossenen Jahre die Regierung die hypothekarische Belastung sowohl der nicht überbauten als auch der überbauten Grundstücke, die nach § 113 des Ausführungsgesetzes zum B.G.B. seit dem 1. Januar 1910 sämtlich in den Liegenschaftsbüchern eingetragen sein müssen, in allen Gemeinden des Landes feststellen ließ, ergab sich, daß in 103 Stadt- und Industriegemeinden diese Verschuldung **26,1** Proz. und in 1648[1]) Landgemeinden **8,5** Proz. betrug.

Wir sind leider nicht in der Lage, diese Ergebnisse einer Nachprüfung zu unterziehen, wir müssen diese Zahlen vielmehr als gegeben hinnehmen. Eines möchten wir aber bei dieser Gelegenheit nicht versäumen auszusprechen: Jeder, der mit den Verhältnissen unseres Landes auch nur einigermaßen bekannt ist, der weiß, daß unsere Landwirte sich nur schwer zu einer hypothekarischen Belastung ihrer Grundstücke herbeilassen. Wenn es nur irgendwie möglich ist, sucht man um diesen bureaukratisch-notariellen Akt

[1]) Elsaß-Lothringen hat 1705 Gemeinden. 1751 Gemeinden erhielt man dadurch, daß man, um ein klares Bild zu erhalten, die Vororte pp. wie Königshofen, Kronenburg, Neudorf, Neuhof gesondert aufführte.

herumzukommen. Sehr viel wird dieserhalb der Personalkredit, das Aufnehmen von Geld gegen Schuldschein, in Anspruch genommen.

Die regierungsseitig angegebene — notariell eingetragene — Verschuldung des Grundbesitzes bleibt deshalb zweifellos hinter der tatsächlichen Belastung zurück.

Der von uns angenommene Satz muß deshalb eher zu nieder als zu hoch angesetzt bezeichnet werden.

Der Steuerfuß müßte dieserhalb zunächst um mindestens ein $^1/_4$, d. h. von $3^1/_2$ auf 2,6 % herabgesetzt werden.

Von dieser Basis aus hätte eine Neufestsetzung der Sätze zu erfolgen.

Nur auf diese Weise könnte trotz der Verschiedenheit der Bemessungsgrundlage eine annähernd gleiche Steuerbelastung erzielt werden.

Unter keinen Umständen dürfte aber die neue Steuergesetzgebung einen höheren Steuerfuß wie 2 % für die Gebäudesteuer festlegen.

Die Denkschrift hat von der Einführung einer Vermögenssteuer, wie sie früher geplant war und seit längerer Zeit u. a. in Hamburg und Bremen und — eingeführt durch das Gesetz vom 14. Juli 1893[1]) — in Preußen besteht, Abstand genommen. —

Die gemachten Erhebungen ergaben, daß das im Lande vorhandene Vermögen im günstigsten Falle mit $4^1/_4$ Milliarden Mark angenommen werden könnte. Um die erforderlichen 8 Mill. M. der Ertragssteuern aufzubringen, müßte hiernach ein Satz von 1,8 ‰ zur Hebung gelangen.

Eine Vermögenssteuer von 1.80 M. oder 2.00 M. von 1000 M., wie sie also nach dieser Feststellung er-

[1]) Ergänzt durch die Novelle vom 19. Juni 1906 u. unwesentlich abgeändert durch das Gesetz vom 26. Mai 1909.

hoben werden müßte, käme aber bei einer 4% Verzinsung einer Steuer vom Ertrage in Höhe von 5% und bei einer 2% Verzinsung (Waldungen) einer Steuer vom Ertrage von sogar 10% gleich.

Neben einer Einkommensteuer müßte dieser Satz als unerschwinglich bezeichnet werden. Daß das von der Regierung angenommene Vermögen etwas niedrig gegriffen erscheint, das wollen wir uns nicht verhehlen, wir wollen uns aber auch darüber klar bleiben, daß Elsaß-Lothringen ein Grenzland ist, dessen Bewohner nicht nur geschichtlich, sondern heute noch wirtschaftlich mit dem Nachbarlande in enger Beziehung stehen. Zur Deckung des Bedarfs von Bezirk und Gemeinde müßten bei der Einführung einer Vermögenssteuer Ertragssteuern erhalten bleiben.

Eine Nachahmung des preußischen Steuersystems in Elsaß-Lothringen ist daher in Kenntnis der Verhältnisse direkt zu verwerfen. Zudem erscheint es auch politisch wenig ratsam.

Bei der Einführung einer Vermögenssteuer wäre der Grund- und Hausbesitz wie folgt belastet:

1. Vermögenssteuer (5%), 2. Besitzwechselabgabe (5,5%), 3. Erbschaftssteuer (1—9%), 4. Einkommensteuer, 5. Ertragssteuern. Hauptargument gegen die Vermögensbesteuerung ist also, daß wir an diesen Vermögenssteuern in der Form der Vermögensverkehrssteuern — enregistrement — und allgemein alle Erbgänge treffenden Erbschaftssteuer schon übergenug haben.

Zu diesen steuertechnischen Argumenten kommen noch weitere, bedingt durch die Reichsfinanznot. —

Nun noch ein paar Worte zum Schluß.

Es ist ein bekannter Satz aus unserer Reichsverfassung, daß Reichsgesetze den Landesgesetzen vorangehen. Vorteilhaft kann es daher nur sein, wenn die Landesgesetzgebung möglichst mit der Reichsgesetzgebung parallel läuft, damit durch reichsgesetzliches Eingreifen keine schweren Störungen hervorgerufen werden können. Daß das event. eintreten kann, dies bewies am schlagendsten die Reichsfinanzreform in unserem Staatshaushalt. Eine Orientierung nach Deutschland muß daher als durchaus angebracht erscheinen. Einige möchten nun am liebsten die preußische Steuergesetzgebung auf unser Gebiet erstreckt sehen. Dieser Auffassung können wir nicht beipflichten. Die Gründe ergeben sich aus dem Gesagten: Ein Land, das zur Hälfte seinen Zuschußbedarf aus Erwerbseinkünften deckt, kann sein Steuersystem eben ganz anders einrichten, als ein solches, das seinen Zuschußbedarf zu seinem allergrößten Teile aus Steuern bestreiten muß.

Wir werden deshalb wohl noch lange im Reichslande eine Kombination der verschiedenartigsten Steuern notwendig haben, um unsern Finanzbedürfnissen gerecht zu werden. Eine Stellung unseres Finanzwesens ausschließlich auf Personalsteuern, wie in Preußen, ist ganz undenkbar. —

Druckerei der Straßburger Neuesten Nachrichten A.-G.

FSC
www.fsc.org
MIX
Papier | Fördert gute Waldnutzung
FSC® C083411

Kolibri 360 GmbH
Ferdinand-Jühlke-Straße 7
99095 Erfurt, Deutschland
produktsicherheit@kolibri360.de